Valentina M

# Spaghetti al veleno



LE MONNIER

www.mondadorieducation.it

*Prima edizione*: settembre 2013

*Edizioni*

11 10

2025 2024



*Questo volume è stampato da:*
Lineagrafica Città di Castello, PG
*Stampato in Italia - Printed in Italy*

| | |
|---|---|
| *Progetto grafico* | Sandro Ventura |
| *Impaginazione* | Sandro Ventura |
| *Copertina* | Alfredo La Posta |
| *Disegni* | Siro Garrone |

*Referenze iconografiche* Thinkstock



*Per informazioni e segnalazioni:*
**Servizio Clienti Mondadori Education**
e-mail *servizioclienti.edu@mondadorieducation.it*
numero verde **800 123 931**

# *Indice*

## *I Personaggi della storia*

**Valentina** la protagonista della storia
**Mamma di Valentina**
**Giorgio Ferrari** caposala del ristorante *Don Leandro* dove lavora Valentina
**Gennaro (Genny) Morovia** cameriere al *Don Leandro* e amico di Valentina
**Marc, Vanja, Edoardo, Francesco** camerieri al *Don Leandro*
**Dottor Maffei** abituale cliente del *Don Leandro*
**Carlo Filippo Maffei** giovane nipote del dottor Maffei
**Faramer** chef del *Don Leandro*
**Moglie di Faramer**
**Il portiere dello stabile di corso Magenta**

## *I Luoghi della storia*

*Piazza Duomo*

*Galleria Vittorio Emanuele*

*Santa Maria delle Grazie (Corso Magenta)*

*Piazza della Scala*

*Castello Sforzesco*

*Parco Sempione*

*Stadio di San Siro*

# Capitolo 1

# Valentina

**Venerdì sera, a casa**

Valentina arriva a casa alle otto. Sua mamma la aspetta.
Con un sorriso come sempre. E come sempre le chiede:
"Allora? Com'è andata?"
"Ho un lavoro" risponde Valentina, ma non sorride come la mamma.
"Oh bene" esclama la donna. "Però non sembri contenta. Perché?"
"Perché, dopo mesi che cerco, ho accettato questo lavoro. E non è certo il lavoro dei miei sogni" dice la ragazza.
"Quale lavoro, mia cara?"
"Cameriera in un ristorante, il Don Leandro. Lo conosci?" domanda Valentina.
"Certo che lo conosco. È il ristorante in centro vicino a piazza Duomo. È un ristorante molto elegante."
"Sì, è vero, è molto elegante."
"Beh, almeno puoi lavorare in un bell'ambiente. E non solo...Ti piace mangiare e ti piace cucinare. Lavorare in un ristorante può essere una bella esperienza."
La mamma di Valentina cerca di rallegrarla[1]. Ma non ci riesce. Valentina pensa a quegli anni di studio. Ha studiato economia invece che lingue[2].
Tutti le hanno detto:

1. *rallegrarla*: renderla contenta.
2. *economia invece che lingue*: si riferisce agli studi universitari, economia invece di lingue straniere.

## Il centro di Milano

Questa storia è ambientata a Milano, la seconda città più grande in Italia dopo Roma. È un centro industriale e finanziario molto importante. È anche una delle capitali mondiali della moda e del design industriale.
Nel centro di Milano si trovano i simboli di questa città: il Duomo (in piazza Duomo), il Castello Sforzesco, il teatro alla Scala.
Che cosa conosci tu di Milano? Scrivilo qui di seguito.

..........................................................................................................................................

..........................................................................................................................................

"Se studi economia, finisci l'università e il lavoro lo trovi subito..." Invece... "Ho studiato per anni materie per me poco interessanti per fare la... cameriera" dice Valentina.
"Per ora, mia cara, solo per ora. Non ti preoccupare." La mamma la abbraccia. "Che dolce la mamma" pensa Valentina. "È ottimista. Sempre. Non come me. Io sono sempre stata un po' pessimista. Però adesso ho tutte le ragioni[3] per esserlo. Da quando ho finito l'università ho cercato lavoro come una disperata, ho spedito centinaia di curriculum, e non ho trovato niente, niente di niente."
Fino a quella mattina, quando ha visto l'annuncio su un sito web.

"*Cercasi cameriera per prestigioso locale nel centro di Milano.*
*Preferibilmente con esperienza.*
*Richiesta ottima conoscenza dell'inglese e buona della lingua francese.*"

La mattina Valentina è andata al colloquio.
Da casa sua ha preso l'autobus fino alla fermata Bisceglie della metropolitana e poi la metro fino a Piazza Duomo. A Piazza Duomo è scesa e ha attraversato la Galleria Vittorio Emanuele.
Il ristorante si trova vicino a Piazza della Scala, in una di quelle vie antiche bellissime che solo i milanesi conoscono.

**3.** *ragioni*: motivi.

**Milanesi**

Milanesi, così si chiamano gli abitanti di Milano. Quelli di Roma sono romani, di Firenze fiorentini, di Venezia veneziani, di Napoli napoletani.
E secondo te come si chiamano gli abitanti di
Palermo: ..........................................
Torino: ...............................................
Genova: ................................................ ?

È entrata nel ristorante. Da fuori non si vede quanto è grande: due sale all'interno e un giardino dove ci sono altri tavoli. Nella sala principale ci sono fiori dappertutto e grandi quadri alle pareti.
Naturalmente altre persone erano lì per il lavoro, due con esperienza. Ma hanno scelto lei, anche se non aveva esperienza, perché parla inglese e francese. Infatti nel ristorante ci sono tanti avventori[4] stranieri.

Valentina si siede nel piccolo salotto della casa.
"Ti ho preparato la pasta" dice la mamma.
"Sai che non mangio la pasta di sera. Mi faccio un'insalata."
"Te la faccio io" si offre la mamma.
"No, grazie."
"Per favore. Non farmi sentire inutile!"
La mamma è dolce e gentile. È sempre stata dolce e gentile. Si è separata dal marito dodici anni prima. Da allora ha vissuto[5] accanto a lei e, in un certo senso, *per* lei.
Valentina accende la televisione. La mamma intanto prepara l'insalata.
"Mangi anche un po' di focaccia insieme?" domanda.
"Assolutamente no" risponde lei. Qualche grissino magari" risponde la ragazza.
Valentina e la mamma mangiano sedute davanti alla televisione.

4. *avventori*: clienti di un locale pubblico.
5. *ha vissuto*: passato prossimo del verbo *vivere* (abitare).

### Focaccia /Grissini

*Focaccia* e *grissini* sono tipici prodotti italiani.
La *focaccia* è simile al pane, ma in genere più morbida e oleosa. È prodotta in tanti modi e tipologie diversi. Forse la più famosa è la focaccia genovese. Può essere semplice o condita con pomodori, cipolle, prosciutto...
I *grissini* sono un prodotto tipicamente torinese (della città di Torino). Sono molto diffusi in Italia e all'estero.
Hai mai provato la focaccia o i grissini? Quale ti piace di più?

C'è il telegiornale.
Subito dopo Valentina dice che vuole andare a letto.
"Sono solo le otto e mezza" fa la mamma.
"Sì, ma sono stanca. E domani comincio il nuovo lavoro."
"A che ora?"
"Alle nove. Il *Don Leandro* fa anche il brunch" risponde Valentina.
"Il br... cosa?" chiede la mamma che non conosce quella parola.
"Un misto tra breakfast e lunch, cioè tra colazione e pranzo" spiega Valentina. "Quindi il ristorante apre alle dieci."
"Che cosa strana!" esclama la mamma.
Valentina sorride.
"È una nuova moda" dice.
"Già. Io non so niente delle nuove mode, povera me..."

A letto Valentina pensa al giorno dopo, al suo lavoro al ristorante. Si immagina con il grembiule[6] bianco e un vassoio[7] in mano nella grande sala del ristorante piena di gente.
"Speriamo di non combinare pasticci[8]" pensa.
Si addormenta con questo pensiero.

**6.** *grembiule*: indumento indossato da varie categorie di lavoratori. Quello del cameriere di solito è bianco.
**7.** *vassoio*: grande piatto, si usa per portare cibi.
**8.** *combinare pasticci*: creare problemi, guai.

# *Esercizi* capitolo 1

## COMPRENSIONE

**1. Indica l'alternativa corretta.**

1. Valentina vive

A da sola
B con la mamma
C con mamma e papà

2. Valentina ha trovato un lavoro

A come cameriera
B come impiegata
C come parrucchiera

3. Valentina ha studiato

A lingue
B medicina
C economia

4. Valentina si considera

A pessimista
B ottimista
C né pessimista, né ottimista

5. La mamma di Valentina è

A un po' depressa e pessimista
B dolce e gentile
C felice e vivace

6. Il ristorante *Don Leandro* si trova

A in centro
B in un quartiere di periferia
C vicino al centro

7. Valentina ha avuto il lavoro al ristorante perché

A è una brava cuoca
B ha esperienza
C conosce le lingue

8. Valentina comincia il lavoro al ristorante

A alle nove
B alle undici
C alle dodici

# GRAMMATICA

## PRESENTE E PASSATO PROSSIMO

In italiano ci sono tre coniugazioni:
1ª: in *-are* (studi*are*, am*are*, cant*are*)
2ª: in *-ere* (prend*ere*, vend*ere*, legg*ere*)
3ª: in *-ire* (sent*ire*, apr*ire*).

**2. Inserisci i verbi:**
***arrivare, aspettare, cominciare, mangiare, rispondere, accendere, offrire.***

Valentina ...... a casa tardi di sera. arriva.

1. Quando (tu) .............. a lavorare domani?
2. Da quanto ................ l'autobus, ragazzi? Da dieci minuti.
3. Cosa vi ......... da mangiare?
4. Io parlo in italiano e lui mi ........... in spagnolo.
5. Oggi noi ......... al ristorante. Vuoi venire anche tu?
6. Quando entrano in casa i miei amici spengono la radio e ............ la televisione.

**3. Adesso completa queste frasi con la forma corretta dei verbi tra parentesi.**

La mamma (*fare*) ........ un'insalata. fa

1. Io non (*conoscere*) ......... questo piatto. Tu lo ...............
2. Quale parte d'Italia (vo*i visitare*) ................... ?
3. (voi *dire*) ............... cosa volete, per favore?
4. I nostri genitori non ci (*parlare*) ............ mai riguardo alla destinazione delle loro vacanze.
5. A cena (io *fare*) ti .......... quello che vuoi.
6. Cosa (tu *mangiare*) ........ adesso?
7. Quando i tuoi colleghi (*finire*) ............ il loro lavoro?
8. Loro (*finire*) ............. alle otto, io (*finire*) ........ prima, alle sei e mezzo.

# Capitolo 2

# Al ristorante

Valentina non porta un grembiule bianco e non ha neppure un vassoio in mano. Questa mattina ancora non serve ai tavoli. Il caposala preferisce camerieri esperti per quello.

"Tu puoi aiutare al buffet[1]" le dice.

Adesso Valentina sta mettendo le bottiglie d'acqua sul tavolo.

"Devo aprirle?" chiede al caposala.

"No" risponde lui. "Aiuta invece Cristina a tagliare la frutta." Le indica una giovane in piedi a un bancone. Sta tagliando dei kiwi.

"Va bene" risponde lei.

Il caposala si chiama Giorgio Ferrari ed è un uomo di circa cinquant'anni. È alto e ha i baffi grigi. Sembra un signore distinto[2].

Valentina lavora con Cristina adesso; insieme fanno una macedonia di frutta.

"Sei nuova, vero?" le chiede Cristina.

"Sì, ho cominciato oggi."

"Chi hai conosciuto?"

"Solo il signor Ferrari. Mi sembra una persona gentile."

"E lo è. Sempre corretto con tutti, non si arrabbia mai."

In quel momento passa vicino a loro un giovane. Ha circa 25 anni, l'età di Valentina. Sorride.

"Quello invece è Genny" dice Cristina.

**1.** *buffet*: tavola con cibi e bevande.
**2.** *distinto*: raffinato, educato.

### I nomi

I nomi tradizionali più diffusi in Italia per persone sono
maschili: Giuseppe, Giovanni e Antonio.
femminili: Maria, Anna e Giuseppina.
Invece i nomi più usati negli ultimi anni sono
maschili: Francesco, Alessandro, Andrea.
femminili: Sofia, Giulia, Martina.
E a te quale nome piace?
M ............................................ F ............................................

"Genny?"
"Sì, si fa chiamare così. Il suo vero nome però è Gennaro."
"Ah..."
"Gennaro è di Napoli. Occhi verdi, capelli neri, bel fisico atletico. È carino, no?"
"Beh, sì" risponde Valentina. "Non è il mio tipo, però è carino".
Valentina ha detto così. Ma non è vero. Lei non ha... un tipo.
"Ecco, bene che non è il tuo tipo" risponde Cristina. "Perché è meglio stargli alla larga[3]. Appena vede una ragazza carina, subito le va dietro."
Valentina sorride. Non per Gennaro, ma perché Cristina ha appena detto "ragazza carina". Quindi la considera carina? Valentina si è sempre considerata insignificante[4], che forse è ancora peggio che brutta. Almeno le brutte possono essere "un tipo", invece le insignificanti? Non si vedono e basta.
Cristina ha preso delle arance e due meloni.
"Adesso tagliamo questi e finiamo la macedonia" dice. "Presto arrivano gli avventori."
Le due ragazze hanno finito di preparare la macedonia e la mettono su un tavolo. Vicino a essa ci sono le brioche e i dolci. E in un cestello Valentina vede una bottiglia di spumante.
"Spumante, di mattina?" domanda stupita.
"Certo" risponde Cristina. "E ti assicuro che non rimane piena."

**3.** *stare alla larga*: stare lontano da.
**4.** *insignificante*: scialbo, che non ha personalità.

**La torta Pasqualina**

È una classica torta salata ripiena di spinaci o di bietola con ricotta e uova.
Alla cucina tradizionale italiana appartengono diversi tipi di torte salate. Sono nate nel Medioevo come "contenitore" per portare diversi tipi di cibi. Le torte salate più comuni sono ai carciofi, alle cipolle, alle zucchine, con verdure miste.

## h. 11 mattina

Il ristorante è pieno di gente.
"Nonostante la crisi" pensa Valentina "c'è ancora molta gente che si può permettere 30 euro per una specie di colazione."
Valentina porta ai tavoli il caffè e il tè. Per i bambini la cioccolata. Ma ci sono pochi bambini. La maggior parte degli avventori sono coppie, ad alcuni tavoli[5] sono seduti solo uomini, probabilmente uomini d'affari...
Altri cinque camerieri servono in sala; tra questi Valentina conosce soltanto Cristina e Genny.
In cucina prende una grande torta salata, una Pasqualina.
Il cuoco l'ha appena sfornata[6]. Il cuoco è la persona più importante nel ristorante. Il cuoco del *Don Leandro* è un cuoco di fama internazionale, le hanno detto. Si chiama Faramer e viene dal Veneto. La sua cucina ha reso il ristorante *Don Leandro* ancora più famoso. Infatti, per i suoi piatti straordinari, ha avuto tre stelle nella guida Michelin.
Valentina porta la torta fuori dalla cucina. È una torta di molti chili. Per lei è troppo pesante. Fa qualche passo e si ferma. Ha paura di farla cadere.
In un secondo Gennaro le è accanto e la prende dalle sue mani.
"Non preoccuparti, ci sono io" le dice.
"Grazie" risponde lei.
Gennaro mette la torta sul grande tavolo.
"Aiutami a tagliarla a fette, per favore."
Valentina non è molto brava a tagliare, le sue fette sono irregolari. Genna-

5. *alcuni tavoli*: dei tavoli.
6. *sfornata*: preparata e tirata fuori dal forno.

ro mette la mano sulla sua e la aiuta a tagliare. La ragazza sente il contatto della mano e arrossisce[7]. Da tanto tempo non ha contatto con un uomo. Ha sempre pensato a studiare e ha passato molto, troppo tempo con sua mamma.
"Grazie, ho capito" dice Valentina. Gennaro toglie[8] la mano. Sorride. Ha visto che la ragazza è imbarazzata e gli fa piacere. Vuol dire che lui non le è indifferente. Gennaro è un gran don Giovanni e ha una frase che ripete spesso: "Meglio che la donna ti odi che l'indifferenza[9]." L'odio lo puoi cambiare in amore, ma l'indifferenza resta indifferenza perché vuol dire che proprio non le interessi.
In un momento di pausa Valentina conosce altri due camerieri: Marc, un ragazzo francese, e Vanja, che invece viene dalla Russia, da San Pietroburgo. Anche lui non è un cameriere esperto, ma parla il russo ed è importante perché il ristorante ha spesso avventori russi.

## h. 20 cena

A cena Valentina serve a un tavolo insieme a Gennaro.
"Perché serviamo in due a questo tavolo?" chiede Valentina. "A tutti gli altri tavoli serve una persona sola."
"Perché tu sei inesperta, mia cara" risponde Gennaro. "Fa' quello che ti dico e faccio io."
Valentina segue Gennaro e riesce ad arrivare alla fine della serata senza fare pasticci. L'uomo lascia una mancia[10] molto generosa. Gennaro la divide con lei.
"È per te" dice Valentina.
"No, è per tutt'e due."
"Lasciano tutti queste mance?" chiede la ragazza.
"No, purtroppo no. Qualcuno non lascia proprio niente. Il fatto è che il signore seduto al tavolo, quello con la barba e i capelli grigi, viene spesso

**7.** *arrossire*: diventare rossa.
**8.** *togliere*: levare, spostare.
**9.** *indifferenza*: mancanza di partecipazione e di interesse.
**10.** *mancia*: denaro che si dà a chi ha reso un servizio.

qui. Lo conoscono tutti infatti. Lo chiamano dottor Maffei" spiega Gennaro.
"È un dottore?"
"No, se vuoi dire 'medico', no. Lo chiamano così perché è laureato[11], ma non so in che cosa."

### h. 24

Valentina non è abituata ad arrivare a casa così tardi. La mamma l'aspetta alzata.
"Com'è andata?" le chiede.
"Bene" risponde lei. "Questo lavoro non è così male."
Così finisce la prima giornata di lavoro per Valentina.

**11.** *laureato*: chi ha frequentato l'università e ha ottenuto una laurea.

# ***Esercizi*** *capitolo* **2**

## COMPRENSIONE

**1. Indica vero o falso.**

1. Valentina non serve ai tavoli perché non c'è molta gente. V F
2. Valentina taglia e prepara il cibo per il buffet. V F
3. La maggior parte degli avventori sono famiglie. V F
4. Valentina fa cadere la torta che porta. V F
5. Gennaro aiuta Valentina a tagliare la torta. V F

**2. Adesso rispondi a queste domande riguardo alla seconda parte del capitolo.**

1. A cena, con chi serve al tavolo Valentina?
2. Chi lascia una mancia generosa?
3. Quando arriva Valentina a casa?

**3. In questo capitolo compaiono diversi personaggi. Scrivi il nome accanto alla descrizione.**

*Maffei, Vanja, Cristina, Marc, Gennaro, Faramer, Ferrari*

1. È il caposala. È un signore distinto. ..................................
2. È un cameriere. Viene dalla Francia. ..................................
3. È un avventore ospite fisso del ristorante. ..................................
4. È di Napoli. È carino e ha un bel fisico. ..................................
5. È una cameriera. Ha circa l'età di Valentina. ..................................
6. È un altro cameriere e viene dalla Russia. ..................................
7. Viene dal Veneto e ha un grande successo. ..................................

## LESSICO

**4. In questo capitolo compaiono molte parole che si riferiscono a cibo e bevande. Scrivi sotto ogni immagine la parola giusta.**

1. ..............................

2. ..............................

3. ..............................

4. ..............................

5. ..............................

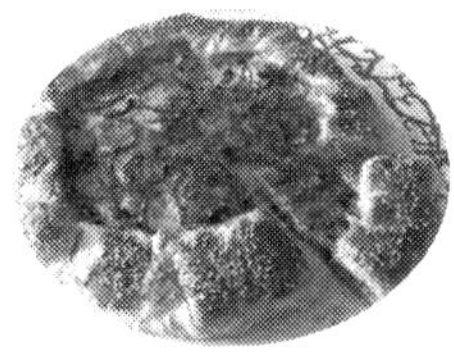

6. ..............................

7. ..............................

8. ..............................

9. ..............................

**5. Trova l'intruso tra questi nomi di cibi e piatti.**

1. uva / prosciutto / mela / pera
2. pasta / brioche / dolce / croissant
3. riso / spaghetti / spinaci / maccheroni
4. pomodori / peperoni / patate / carne
5. bistecca / salsiccia / trota / hamburger

# *Capitolo* **3**

# Gennaro

**Sette giorni dopo, sabato pomeriggio**

Valentina ha passato il pomeriggio con Gennaro. Sono stati in giro per il centro. Poi nel parco dietro al Castello Sforzesco, il Parco Sempione.

Infine hanno mangiato un gelato insieme.

"Quindi non ti piace il lavoro come cameriera?" ha chiesto Genny.

"No, non mi piace molto" ha risposto Valentina. "Cioè si guadagna bene con le mance e tutto. Però è molto stancante e occupa tutto il giorno fino a sera."

"Non è quello che ti aspettavi di fare da grande, vero?"

"Hai ragione. Io ho studiato economia, pensavo di lavorare in un'azienda, in una banca, non so... certamente non in un ristorante."

"Capisco. Io invece ho studiato alla scuola alberghiera[1]. Pensa che il mio sogno era di mettere su un ristorante tutto mio."

"Era? Perché *era*?"

"Perché ho lasciato perdere... Non ho soldi. Senza soldi non si fa un bel niente."

"Hai ragione."

"Però... però... sono felice lo stesso" conclude Gennaro. "Adesso sono qui con una ragazza molto carina che..."

1. *scuola alberghiera*: dove gli studenti studiano per lavorare poi negli alberghi o nei ristoranti.

**Il Castello Sforzesco**

È uno dei simboli più importanti di Milano. La costruzione comincia nella seconda metà del Trecento. A metà del Quattrocento però la costruzione viene distrutta. È Francesco Sforza che comincia la ricostruzione. La completa Ludovico il Moro che ne fa una lussuosa residenza. A essa lavorano grandi artisti come Leonardo da Vinci e Bramante.
Il castello, circondato da un fossato, si compone di diversi edifici. Al suo interno si trovano diversi musei.

"Gennaro, smettila!" lo ha interrotto Valentina. "Al ristorante mi hanno detto che fai la corte[2] a tutte."
"Sì, è vero, faccio la corte a tutte. Ma tu... tu sei qualcuno, qualcosa di speciale per me."
Valentina ride.
"Chissà a quante lo dici e lo hai detto!"
"Questa frase? No, questa no. E comunque sei libera di non crederci, ma mi piaci veramente."
Valentina non risponde. Non sa se credere a Gennaro. Ma si trova bene con lui, questo è certo. E poi è allegro e vivace e la fa ridere tutto il tempo.

Due ore dopo sono al ristorante. Questa sera Valentina non lavora insieme a Genny. Lui serve al tavolo del dottor Maffei. A Genny piace servire a quel tavolo per le mance e perché il signor Maffei è molto gentile con lui. Questa sera è solo e ha voluto un piatto speciale. Questo piatto si chiama "mare e montagna". È un piatto di spaghetti ai frutti di mare e ai funghi. Un piatto che sembra banale, ma che lo chef fa in un modo divino[3]. Dicono: i migliori spaghetti mare e montagna d'Italia.
Valentina invece ha servito a un tavolo di turisti americani. Sa l'inglese molto bene e quando ci sono stranieri, è lei che deve servire al loro tavolo. Sono quasi le dieci quando vede Gennaro uscire dal ristorante con il dottor Maffei.

**2.** *fare la corte*: cercare di conquistare l'affetto, l'amore di una persona.
**3.** *divino*: da dio, eccellente.

Valentina porta in cucina i piatti. Resta a parlare per pochi minuti con Cristina quando sentono delle grida. Vengono dalla sala.
"Oh Dio, chiamate un'ambulanza! Il dottor Maffei... il dottor Maffei sta male." È Gennaro che grida come un pazzo.
Cinque minuti dopo arriva l'ambulanza. Ma non c'è più niente da fare: il dottor Maffei è morto.
Il ristorante resta chiuso per un solo giorno. I proprietari non vogliono cattiva pubblicità e sul giornale appare solo un articolo di sei righe. Non si cita il nome del ristorante né altri particolari.
Ma naturalmente al ristorante tutti parlano. Com'è morto il dottor Maffei? Un attacco di cuore[4] come si dice sul giornale? Oppure è stato il cibo? Nessuno può dirlo. Si aspettano i risultati dell'autopsia[5] che arrivano due settimane dopo.

Passano due settimane e tutto continua come prima al ristorante *Don Leandro*. Valentina è uscita ancora diverse volte con Gennaro e con Cristina. Ha conosciuto meglio i suoi colleghi e il capo dei camerieri, il signor Ferrari. È un uomo simpatico ma anche molto riservato. Come riservato è lo chef. Valentina lo trova anche un po' scortese. Diverse volte ha sgridato[6] lei o altri camerieri. Secondo lui sono tutti troppo lenti.
Il signor Ferrari dice che è normale.
"Gli chef famosi sono tutti così. Credetemi, io ne ho conosciuti tanti. Primedonne! La loro cucina è divina e loro sono divini. Questo pensano."
Il signor Ferrari ride, anche Valentina e Gennaro ridono. Ma non per molto. Perché qualcosa succede. Qualcosa che nessuno si aspetta.

È martedì mattina. Lunedì è il giorno di chiusura del locale.
Valentina e Gennaro sono venuti al ristorante insieme. Negli ultimi giorni si sono visti spesso. Lui è andato a prenderla in moto.
È maggio, fa caldo, c'è il sole.

**4.** *attacco di cuore*: infarto.
**5.** *autopsia*: esame che si fa su un cadavere per scoprire le cause della morte.
**6.** *sgridare*: rimproverare.

## La gita fuori porta a...

La gita fuori porta è una tradizione milanese.
Da Milano si possono fare decine di gite fuori porta! A Vigevano, per vedere la magnifica piazza, a Bergamo Alta, città dall'atmosfera medievale, al Lago di Como con le sue splendide ville...
E se siete amanti della natura, potete fare una gita in montagna o al mare che dista circa un'ora e mezza dalla città.
Immagina di fare una gita fuori porta partendo da Milano. Dove vorresti andare?

"Che giornata meravigliosa" dice Genny mentre scende dalla moto. "Oggi nel pomeriggio potremmo andare a fare una gita fuori porta...".

Ma non finisce la frase. Due uomini in divisa vengono verso di lui.
"Lei è il signor Gennaro Morovia?" chiede uno di loro.
"Sì, sono io" risponde lui stupito[7].
"Dovrebbe venire con noi al commissariato[8] per rispondere a qualche domanda."
"Come?" fa lui sempre più stupito.
Valentina che è accanto a lui interviene:
"Perché?" domanda.
"Per la morte del dottor Maffei" risponde uno dei due.
Genny li segue alla macchina. Valentina resta in piedi a guardarlo.
Lui si volta e dice:
"A presto, Valentina. Non ti preoccupare! Non ho fatto niente."

Valentina entra nel ristorante. Nessuno ha visto i poliziotti fuori, solo lo chef Faramer sa che volevano parlare con Gennaro.
"Dicono che è implicato[9] nella morte di quell'uomo, quello che è morto l'altra sera" spiega.
"Ma perché?"

**7.** *stupito*: sorpreso.
**8.** *commissariato*: stazione di polizia.
**9.** *essere implicato*: avere parte in, essere coinvolto.

"Non so esattamente" risponde lui.
"Sono sicura che si tratta di un errore" dice Valentina.
"Sicuramente un errore, sì" conclude Faramer, "ma adesso, ragazzi, mettiamoci al lavoro."

Si mettono al lavoro. Anche Valentina. Ma non riesce a concentrarsi sul lavoro. Continua a pensare a Gennaro.

# *Esercizi* capitolo 3

## COMPRENSIONE

**1. Rispondi alle seguenti domande.**

1. Dove ha passato il pomeriggio Valentina? Con chi?
2. Cosa ha fatto?

**2. Indica se è vero o falso.**

1. A Valentina non piace il lavoro come cameriera. [V] [F]
2. Valentina trova il lavoro divertente. [V] [F]
3. Valentina non pensava di lavorare in un ristorante. [V] [F]
4. Gennaro ha frequentato l'università. [V] [F]
5. Vorrebbe avere un ristorante suo. [V] [F]
6. Gennaro dice a Valentina che la ama. [V] [F]
7. Valentina si diverte quando è con Gennaro. [V] [F]

**3. Indica l'alternativa corretta.**

1. Valentina [A] *lavora* [B] *non lavora* con Genny.
2. [A] *Genny* [B] *Valentina* serve al tavolo del signor Maffei.
3. Il signor Maffei [A] *è gentile* [B] *non è gentile* con i camerieri.
4. Il signor Maffei ha ordinato un piatto [A] *di pasta* [B] *di pesce*.
5. Valentina serve a un tavolo di turisti stranieri perché [A] *è molto brava come cameriera* [B] *sa l'inglese molto bene*.

**4. Metti gli eventi qui in ordine sparso nel giusto ordine cronologico.**

1. Gennaro rientra dopo poco perché il dottor Maffei si è sentito male.
2. L'ambulanza arriva ma è troppo tardi.
3. Viene chiamata un'ambulanza per il dottor Maffei.
4. Valentina resta per pochi minuti a parlare con Cristina.
5. Appena prima delle dieci Gennaro esce dal ristorante con il dottor Maffei.

........................................

## LESSICO

**5. Abbina ogni aggettivo con il suo contrario.**

1 scortese — *a* veloce
2 simpatico — *b* bruttino
3 riservato — *c* normale
4 lento — *d* comunicativo
5 carino — *e* antipatico
6 speciale — *f* gentile

1. .......; 2. .......; 3. .......; 4. .......; 5. .......; 6. .......

**6. Inserisci gli aggettivi in questo dialogo tra Elisabetta e Carla.**

*simpatico / speciale / carino / gentile / riservato*

*Elisabetta*: Come trovi Fabio?
*Carla*: Molto 1) ........................... Mi fa sempre tanti complimenti e bei regali. Mi fa sentire davvero 2) ...........................
*Elisabetta*: Gli piaci. E tu? A te piace?
*Carla*: Sì, è proprio 3) ........................... Hai visto la foto?
*Elisabetta*: Sì, certo. Ma è uno che parla tanto oppure è un tipo 4) ...........................?
*Carla*: No, è un chiacchierone. Anche con gli altri è molto 5) ........................... Fa ridere tutti.

# Capitolo 4

## In carcere

Il giorno dopo è un mercoledì. Valentina è al ristorante. Il signor Ferrari è seduto al computer nella sala.

"Mi scusi, ha un attimo?" chiede Valentina.

"Dimmi!" risponde lui.

"Vorrei sapere... ha notizie di Gennaro? L'ho chiamato diverse volte sul cellulare, ma è sempre spento."

"Sì, ho notizie, e non buone. Gennaro è accusato dell'omicidio del dottor Maffei."

"Come? Cosa?". Valentina non crede alle sue orecchie.

Cristina e Marc hanno sentito e si avvicinano.

"Non ci posso credere" esclama Cristina.

"Genny, un assassino?" fa Marc.

"Sono i fatti, ragazzi" dice il signor Ferrari.

"Quali fatti?" domanda Valentina.

"Quella sera Gennaro ha servito al tavolo del dottor Maffei, poi lui non si è sentito bene. Lo ha accompagnato fuori, alla macchina. Ma è tornato dopo pochi minuti. Ricordate? Gridava che Maffei stava male e di chiamare un'ambulanza."

"Sì" conferma Valentina. "Ricordo perfettamente."

"Ecco. Altri fatti che noi invece non conoscevamo sono questi: dall'autopsia risulta che il dottor Maffei è morto per avvelenamento[1]."

"Avvelenamento? Nel nostro ristorante?" chiede Marc.

1. *avvelenamento*: intossicazione anche mortale.

"Sì, nel nostro ristorante" risponde il dottor Ferrari.
"Il cibo era andato a male?" domanda Cristina.
"Oh, no Cristina" dice il dottor Ferrari. "La storia è tutta diversa. Il veleno nel cibo era arsenico. Qualcuno ce lo ha messo."
"Sì, ma perché Gennaro? Voglio dire: qual è il movente[2]?"
"Il movente sono i soldi. Sai cosa hanno trovato nel grembiule di Genny? La carta di credito di Maffei."
"Oh, mio Dio!" esclama Cristina.
"Gennaro un ladro e un assassino?" aggiunge Marco.
"Non è possibile" fa Valentina.
"Purtroppo è così" dice Ferrari.
"Già, purtroppo." Un'altra persona ha parlato, è lo chef, il signor Faramer.
"Anch'io non posso crederci" dice. "Ho sempre considerato Gennaro un bravo ragazzo e un cameriere eccellente."
"Sì, è vero, un cameriere eccellente" ripete Ferrari.
"E adesso si è rovinato la vita. Per che cosa poi? Per qualche soldo in più."
"Eppure Genny guadagnava bene qui" fa Cristina. "Gli davano certe mance..."
"È proprio vero che non conosci mai abbastanza le persone" conclude Marc.

Sono le undici. Sono tutti al lavoro, ma Valentina non smette di pensare a lui, a Gennaro.
"Quei soldi... Ha rubato forse per mettere su quel famoso locale" pensa Valentina. "I soldi, in effetti, possono essere un movente. Eppure non posso crederci. Genny non è un assassino, ne sono sicura. Ci deve essere un'altra spiegazione e un altro assassino. Un assassino che è ancora qui, forse proprio in questo ristorante."
Mentre sta servendo ai tavoli, vede un uomo che parla con lo chef. È uno dei poliziotti che due giorni prima sono venuti ad arrestare Genny. Appena esce dalla cucina, Valentina gli si avvicina.
"Posso vedere Gennaro?" gli chiede.
"Gennaro è a San Vittore , signorina" risponde il poliziotto.

**2.** *movente*: la ragione che spinge qualcuno a compiere un crimine.

## Il carcere di San Vittore

Si trova in un'area centrale della città, vicino alle fermate della metropolitana Sant'Ambrogio/Sant'Agostino. È una zona che vale la pena di visitare per vedere la bella Basilica di Sant'Ambrogio (nell'omonima piazza) in stile romanico e il Museo della scienza e della tecnica.

A Milano ci sono diversi musei: la Pinacoteca di Brera, il Museo del Novecento, la Triennale, il Museo di scienze naturali.

A te quale tipo di musei interessa di più, musei di tipo artistico o scientifico?

"Posso andare in visita?"

"Certo, negli orari di visita dei detenuti[3]."

Il poliziotto se ne va.

Nel primo attimo libero Valentina telefona al carcere per sapere gli orari di visita. Il giorno dopo prende il pomeriggio libero e va. Aspetta per più di un'ora e infine vede Gennaro. Ha la faccia pallida, le occhiaie[4], un aspetto orrendo. Eppure cerca di sorridere.

"Oh, Valentina. Solo tu sei venuta a trovarmi" esclama.

"Sono la prima? Sono sicura che anche gli altri presto..."

"Lascia stare" la interrompe lui. "Cosa dicono al ristorante?"

"Il signor Ferrari ha raccontato tutto quello che è successo" risponde Valentina.

"Mi credono un assassino, vero?" domanda lui con aria triste.

"No, non dire così!"

"Certo che lo pensano. Tutte le prove sono contro di me. Ma davvero, Valentina, devi credermi: non sono stato io."

"Però hai rubato la carta di credito al dottor Maffei" dice la ragazza.

"No, assolutamente no. Io non ho rubato proprio niente" esclama Gennaro.

"E la carta nel tuo grembiule?" domanda Valentina.

"Ecco, quello non mi spiego. Sono sicuro che qualcuno ce l'ha messa."

**3.** *detenuti*: persone che stanno in prigione.
**4.** *occhiaie*: ombre nere sotto gli occhi.

"Quindi qualcuno ti ha... incastrato[5]?"
"Sì, e lo ha fatto molto bene" risponde Gennaro.
"Ma come, secondo te?" chiede la ragazza.
"Non lo so."
"Hai qualche sospetto?"
"No, sono... confuso e questo certamente non è l'ambiente ideale per pensare."
"Lo credo" fa Valentina.
"Ma tu... Valentina... mi credi?" chiede Gennaro. Si sporge verso di lei, le mette la mano sul braccio.
"Sì, ti credo, ti credo" risponde Valentina. "Però tu mi devi aiutare a crederti. Vuoi rispondere a qualche domanda?"
"Certo."
"Quando il signor Maffei è stato male tu sei rientrato subito al ristorante?"
"Sì, subito."
"Quando sei stato lontano dal signor Maffei?" domanda ancora la ragazza.
"Il tempo di rientrare nel ristorante, dire che stava male e chiamare un'autoambulanza" risponde Gennaro. "Sono tornato da lui subito dopo perché ero preoccupato."
"Dal parcheggio al ristorante quanto hai impiegato?"
"Non più di quattro, cinque minuti ad andare e tornare. Direi cinque minuti."
"Quindi in quei cinque minuti qualcuno ha preso il portafoglio del dottor Maffei con la carta di credito" dice Valentina.
"Però non era un estraneo, cioè non uno che passava di lì. Non può essere. Prendere la carta, metterla nel grembiule... È uno che voleva il dottor Maffei morto, uno che ha organizzato tutto."
"Ma organizzato come? E poi chi poteva e voleva fare una cosa del genere?"
"Non lo so, Valentina, non lo so veramente. Ma di una cosa sono sicuro. È qualcuno che lavora nel ristorante. Soltanto qualcuno nel ristorante poteva fare tutte queste cose."
"Vuoi dire uno dei nostri colleghi?"

**5.** *incastrare*: mettere qualcuno nei guai.

"Sì, capi, colleghi, uno di loro..."
Una guardia si avvicina.
"Deve andare, signorina" dice a Valentina. Lei si alza. Gennaro le prende la mano.
"Valentina, per favore, mi vuoi aiutare?"
"Sì, certo, ma come?"
"Io per la polizia sono colpevole[6]. Devi trovare le prove, devi trovare il vero colpevole..."
"Non so, Genny. Io... non lo so."

Di sera Valentina è al ristorante. Parla con Cristina.
"Sono stata a trovare Genny" le dice.
"Dove? In carcere?" domanda Cristina.
"Sì, a San Vittore."
"Accidenti, ma allora sei proprio cotta[7]!"
"No, non sono cotta! È che... considero Genny un amico e mi dispiace."
"Sì, ma ha ammazzato una persona" dice Cristina.
"No, non ci credo. E lui dice di essere innocente."
"Svegliati, Valentina! Tutti dicono di essere innocenti." È Marc che ha parlato.
"No, non è stato lui" dice Valentina. "E voglio dimostrarlo."
"Cioè?" chiede Marc.
"Cioè fare delle indagini" risponde Valentina.
"Stai scherzando, vero?!" esclama Cristina. "Tu hai visto troppi film gialli[8]."
"In effetti no" risponde Valentina. "Pensa che io odio i film gialli."
"Ragazzi, al lavoro!" li sgrida il signor Ferrari che li vede tutti e tre in un angolo. "I clienti aspettano."
I tre si mettono al lavoro. Questa sera c'è tanta gente al ristorante. Un grosso gruppo festeggia un anniversario.
Tutte persone vestite in modo elegante, con abiti griffati.

**6.** *colpevole*: responsabile del crimine.
**7.** *essere cotto/a di qualcuno/a*: essere innamorato/a.
**8.** *film gialli*: film polizieschi.

### Abiti griffati

Gli abiti griffati sono vestiti firmati da stilisti famosi. Non li hanno inventati gli italiani, ma senz'altro sono gli italiani quelli che li amano di più. Del resto molte "firme" o griffe sono proprio italiane (Armani, Dolce & Gabbana, Valentino, Gucci e tanti altri). A Milano ci sono delle vie piene di negozi di griffe famose, come Via Monte Napoleone, Via Manzoni e Via delle Spiga nel centro della città.
Quale tipo di abiti compri tu? Griffati o... normali?

Valentina, Cristina e Marc servono al loro tavolo. C'è così tanto lavoro che Valentina è sempre occupata. Ma il pensiero di Gennaro e il progetto dell'indagine stanno sul fondo della sua mente come le note di una canzone che non si può o non si vuole dimenticare.

# *Esercizi* capitolo 4

## COMPRENSIONE

**1. Indica l'alternativa corretta.**

1. L'autopsia del cadavere del dottor Maffei ha rivelato che questi è morto per

[A] avvelenamento
[B] un incidente
[C] un colpo al cuore

2. Secondo la polizia il colpevole è

[A] il signor Ferrari
[B] Faramer
[C] Gennaro

3. La prova della sua colpevolezza è

[A] una carta di credito
[B] un sacchetto pieno di veleno
[C] una bottiglietta

**2. Rispondi alle seguenti domande.**

1. Valentina va a trovare Gennaro in carcere. Dove si trova il carcere?
2. Che aspetto ha Gennaro?
3. Che cosa promette Valentina a Gennaro?
4. Perché c'è tanta gente al ristorante?

**3. Valentina chiede a Gennaro di parlarle di quello che è successo la sera del delitto. Indica l'alternativa corretta.**

1. Quando Il signor Maffei è stato male,

A Gennaro è rientrato al ristorante subito.
B Gennaro è rientrato al ristorante dopo pochi minuti.

2. È stato nel ristorante per

A pochi minuti
B quasi un quarto d'ora

3. Secondo Gennaro e Valentina ha preso il portafoglio del dottor Maffei con la carta di credito

A una persona conosciuta
B una persona sconosciuta

## GRAMMATICA

**4. Scrivi gli articoli: *il, lo, la, i, gli, le* davanti a questi sostantivi che compaiono nel testo.**

| Gli articoli determinativi | | |
|---|---|---|
| | Maschile | Femminile |
| **Singolare** | il, lo | la |
| **Plurale** | i, gli | le |

1. ..... soldi; 2. ..... ristorante; 3. ...... domanda; 4. ..... parcheggio; 5. ..... minuti; 6. ...... portafoglio; 7. ..... carta di credito; 8. ..... estraneo; 9. ....... grembiule; 10. ...... collega; 11. ...... prove; 12. ...... colpevole; 13. ...... mano; 14. ...... persone; 15. ..... film; 16. ...... canzone; 17. ..... progetti; 18. ...... indagine; 19. .......zii

**5. Indica l'alternativa corretta.**

1. Il /lo computer; 2. Il /lo cellulare; 3. Il /l'assassino; 4. Il /l'attimo; 5. Il / lo fatto; 6. La/ l'autoambulanza; 7. Lo/ la macchina

# Capitolo 5

## Primi passi

A Valentina non piacciono i gialli, ma ancora meno le piace la sua vita. Sempre le stesse cose ogni giorno: prima, quando frequentava l'università, scuola, studio, esami, e adesso che lavora: lavoro, lavoro, casa, lavoro. Così Valentina decide di aiutare Gennaro perché lo considera innocente, ma anche per uscire dalla monotonia della sua vita.

Di sera dopo il lavoro va a casa. Per fortuna sua madre dorme e lei può pensare.

Da che parte cominciare per un'indagine, cosa fare, con chi parlare...? Valentina pensa e fa un piano[1].

La mattina dopo compie[2] i primi passi.

Al ristorante, dopo la fine del brunch, si ferma a fare colazione con Cristina e Marc. Lascia cadere una domanda, come per caso:

"Vi ricordate se qualcuno di noi è uscito dal ristorante quando Gennaro è rientrato?"

"Qualcuno di noi, vuoi dire... che lavoriamo qui?" chiede Marc.

"Sì, proprio così."

"No, credo di no" risponde Cristina.

"Tu hai chiamato l'autoambulanza, vero?" domanda ancora Valentina a Cristina.

"Sì."

"Avevi il cellulare con te?"

**1.** *piano*: progetto.
**2.** *compiere*: fare.

**Corso Magenta**

Un'altra via elegante e famosa nel centro di Milano. Splendidi i palazzi di questa strada con giardini interni di grande bellezza. In Corso Magenta si trova la Chiesa di Santa Maria delle Grazie, famosa perché nel suo refettorio si trova il dipinto di Leonardo Da Vinci, *L'ultima cena* (detto anche il *Cenacolo*).

"No, sono corsa ai cassetti vicino alla cucina. Tengo lì il cellulare perché.... Aspetta, in cucina, ho visto che non c'era lo chef."
"Davvero?"
"Sì, lo ricordo perché mi sono detta: 'Caspita, che strano! È la prima volta che non vedo lo chef in cucina.'"
"Io ero con Cristina che chiamava l'autoambulanza" dice Marc. "Sono arrivati anche gli altri camerieri, Edoardo, Francesca, Vanja, ma il signor Ferrari non l'ho visto. In genere è in sala oppure seduto all'ingresso e riceve i clienti."
"Tutti gli altri camerieri quindi c'erano?" chiede Valentina.
"Sì, credo di sì" risponde Marc.
"Sì, erano tutti qui. Ne sono sicura" fa Cristina.
"Invece dite che Ferrari e Faramer non...?" comincia Valentina.
"Aspetta, Valentina" la interrompe Cristina. "Perché stai chiedendo queste cose? Non dirmi che stai cercando di aiutare Genny!"
"Sì, proprio così" risponde Valentina.
"Ma tu non..." fa Cristina.
Valentina non sente il resto della frase. Saluta e se ne va alla svelta. Ha fretta perché deve passare al punto due del suo piano: andare a casa del signor Maffei e cercare informazioni. Ha solo tre ore da adesso fino a cena.
La casa del signor Maffei si trova in un bel palazzo in una delle vie più eleganti di Milano: Corso Magenta. Naturalmente c'è il portinaio[3] come in quasi tutte queste case della Milano del centro. È un signore sui sessant'anni che si dimostra molto gentile.

**3.** *portinaio*: chi custodisce o sorveglia l'ingresso di edifici.

"Mi scusi" gli chiede Valentina "abita qui la famiglia Maffei?"
"Famiglia? No, solo il signor Maffei. Non era sposato. Ma il signor Maffei..."
"Lo so, è morto."
"Lei chi è? Una giornalista?" domanda il portinaio.
Valentina prende la palla al balzo[4].
"Sì, sono una giornalista" dice e poi gli chiede se può offrirgli un caffè al bar.
"Mi dispiace, non posso lasciare la guardiola[5]" risponde il portinaio. "A quest'ora è tranquillo, però se arriva qualcuno e io non ci sono... Se vuole glielo offro io il caffè qui nella guardiola. Fa sempre piacere fare quattro chiacchiere[6] e poi nessuno mi ha mai intervistato. Mette il mio nome nell'articolo?"
"Se vuole..."
"Certo che voglio, così lo faccio vedere al bar agli amici..." risponde lui.
Si siedono nella guardiola e parlano per più di un'ora. Il portinaio è in quella casa da quarant'anni. Sa tante cose riguardo il dottor Maffei, la sua vita, il suo lavoro.
A Valentina non resta che ringraziare e salutare il signore così gentile e chiacchierone.
La ragazza torna al ristorante. Per fortuna questa sera c'è poca gente e riesce ad andare a casa più presto del solito. Riscrive le informazioni che il portinaio le ha dato.
Ed evidenzia quelle che le sembrano importanti.

Maffei non ha figli, non è neppure mai stato sposato. Riceve poche visite. Soprattutto da amici, da sua sorella e da suo nipote Fabio.
Lavoro: Maffei è proprietario di un'azienda[7] che va molto bene, è ricco ed è sempre stato ricco. Lui ha un altro lavoro che è più un hobby che un lavoro: scrive recensioni[8] su ristoranti. Non si firma con il suo nome perciò nessuno lo sa. Lo ha detto una volta al portinaio in confidenza[9].

**4.** *prendere la palla al balzo*: cogliere l'occasione.
**5.** *guardiola*: stanzetta che si trova dentro o vicino agli edifici dove il portinaio controlla chi esce o entra.
**6.** *fare quattro chiacchiere*: chiacchierare, parlare.
**7.** *azienda*: fabbrica, impresa, ditta.
**8.** *recensione*: breve commento a un libro o un film, in questo caso a un ristorante.
**9.** *in confidenza*: in amicizia.

Valentina ha anche fatto vedere la fotografia delle persone che lavorano al ristorante.
"Conosce qualcuno di questi? Lo ha mai visto qui?" ha domandato.
"No, mi dispiace" ha risposto il portinaio. "Però una volta Maffei mi ha parlato di questo ristorante. Mi ha detto che ci andava spesso e che era eccellente."
"Ancora è presto per fare ipotesi" pensa Valentina. "Però adesso ho abbastanza informazioni per continuare."
Il giorno dopo nel pomeriggio Valentina è all'azienda del dottor Maffei. Si trova in un quartiere di periferia della città, vicino allo stadio. Gli uffici sono aperti e le persone stanno lavorando. Valentina chiede di parlare con il capo. Dopo qualche minuto le si presenta un giovane alto con i capelli scuri.
"Buongiorno" le dice, "sono il signor Maffei. Cosa posso fare per lei?"
Valentina dice di essere una giornalista.
"Vorrei scrivere un articolo su suo zio" dice.
"Per quale giornale scrive? Ha il tesserino?" domanda il giovane.
Caspita, questo non se lo aspettava!
"Veramente... sono una free lance" risponde. "Io vendo i miei articoli a diversi..."
Non le fa finire la frase.
"Ok, capisco. Mi dispiace. Non ho tempo."
Il giovane Maffei se ne sta andando quando Valentina tenta un'altra carta[10]:
"Sono qui per scoprire il vero responsabile della morte di suo zio" dice.
Il giovane si ferma e si volta verso di lei.
"Può ripetere, per favore?"
"Mi ha sentito benissimo. La polizia ha arrestato un cameriere, Gennaro, ma non è stato lui."
"E lei come lo sa?"
"Lo so perché gli credo."
"Quel cameriere è il suo ragazzo?"
"No."
"Ma lei non è una giornalista."
"No. Voglio solo scoprire la verità."
"La verità" ripete lui. "Va bene, le do cinque minuti."

**10.** *tentare un'altra carta*: fare un altro tentativo.

# *Esercizi* capitolo 5

## COMPRENSIONE

**1. Vero o falso?**

1. Valentina trova la sua vita noiosa. [V] [F]
2. Valentina decide di aiutare Gennaro perche è innamorata di lui. [V] [F]
3. Valentina prepara un piano per condurre la sua indagine. [V] [F]

**2. Valentina conduce la sua indagine. Scrivi i luoghi in cui parla con le diverse persone.**

1. Al .......... con Cristina e Marc.
2. A ............ con il portinaio.
3. All'........... con il nipote di Maffei.

**3. Rispondi alle seguenti domande.**

1. Che cosa dice Cristina a Valentina riguardo a Faramer e Ferrari?
2. Valentina si presenta al portinaio della casa come giornalista. Che cosa le chiede il portinaio?

**4. Indica vero o falso riguardo a queste informazioni che il portinaio fornisce a Valentina riguardo a Maffei.**

1. È sposato [V] [F]
2. Non ha figli [V] [F]
3. Riceve visite da parenti [V] [F]
4. Lavora in una banca [V] [F]
5. Scrive recensioni di libri [V] [F]

**5. Infine Valentina va a parlare con il nipote di Maffei. Che cosa gli dice per convincerlo a parlare con lei?**

## LESSICO

**6. In questi capitoli compaiono diversi nomi di mestieri:**

cameriere/a chef o cuoco giornalista portinaio

Scrivi sotto a ognuna di queste immagini il nome appropriato.

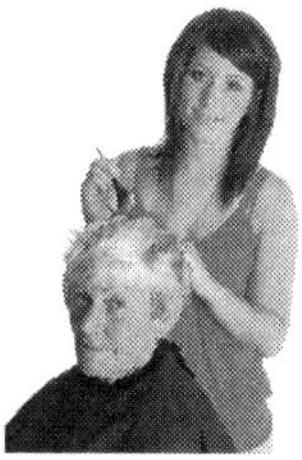

........................... 2. ......................... 3. ......................... 4. ......................... 5. .........................

**7. Leggi la definizione del mestiere e riporta il nome corretto.**

*Operaio, commesso, impiegato, scrittore, imprenditore.*

1. È proprietario di un'azienda ..............................
2. Scrive romanzi e racconti ..............................
3. Lavora in fabbrica ..............................
4. Lavora in un negozio ..............................
5. Fa lavori d'ufficio ..............................

**8. Inserisci i nomi delle professioni degli esercizi 6 e 7 in queste frasi.**

1. L' .................. rimprovera gli studenti.
2. Ho letto il libro di quello .............
3. È molto ricco. Fa l' ...........................
4. Oggi vado dalla ................... Devo farmi tagliare i capelli.
5. Il ................ ci fa vedere dei vestiti molto belli.
6. Dobbiamo andare dal ........................... Non ci sentiamo bene.
7. Quell' ........................... recita davvero bene.
8. Il ........................... ha scritto un articolo interessante.

# Capitolo 6

# Carlo Filippo

Valentina si siede nell'ufficio del giovane Maffei.

"Neanch'io sono convinto della colpevolezza di quel cameriere" dice il signor Maffei "e sa perché? Mio zio, due giorni prima di morire, mi ha detto una frase strana: 'Sono entrato nella tana[1] del lupo. Speriamo in bene.' Io ho chiesto 'Che cosa vuoi dire, zio? Spiegati' ma lui non ha voluto spiegarmi."

"Com'erano i rapporti con suo zio?"

"Buoni, decisamente buoni. Mio papà è morto quindici anni fa. Per me lui è stato una specie di papà. Io gli volevo molto bene."

"Le ha lasciato... tutto questo?" dice Valentina.

"Beh, veramente già da due anni ero diventato direttore della società."

"Capisco."

"Come vede non avevo nessun movente per uccidere mio zio. Quindi se pensava che io..."

Valentina sorride. Sì, aveva pensato che potesse[2] essere un complice[3]. Ma adesso ha cambiato idea. No, non può essere lui.

"Lei ha qualche sospetto?" chiede ancora il signor Maffei.

"No, cioè sì, sono sicura che sia qualcuno che lavora al ristorante."

"Posso aiutarla in qualche modo? Anch'io ho interesse a trovare il vero assassino di mio zio."

**1.** *tana*: luogo (cavità o altro) dove si rifugiano gli animali selvatici.
**2.** *potesse*: congiuntivo del verbo *potere*.
**3.** *complice*: chi compie con altri un'azione (in questo caso un omicidio).

## Mantova

È una città della Lombardia di circa 50.000 abitanti. È stata uno dei centri più importanti del Rinascimento. È una città molto bella con grandi piazze, palazzi antichi e romantiche stradine.
Da visitare: il Duomo, l'Accademia e il Palazzo Ducale che, con le sue 500 sale, è una delle regge più grandi d'Italia, .
In Italia ci sono tante città famose. Quali città italiane conosci?

"Non so... l'unico legame con il ristorante è il fatto che suo zio scriveva recensioni su ristoranti. Lei ne sa qualcosa?" domanda la ragazza.
"Sì, certo. Guardi... nel suo ufficio c'è un album con... Ma aspetti, glielo faccio vedere!"
Il signor Maffei esce e rientra poco dopo con l'album. È pieno di articoli e fotografie riguardo a ristoranti. Alcuni danno giudizi[4] buoni, altri eccellenti, altri ancora pessimi[5].
Valentina legge velocemente e sfoglia l'album. Finché arrivano a un articolo. Lo legge con attenzione perché ha visto un nome che conosce: Faramer, lo chef del ristorante *Don Leandro*. L'articolo risale a quindici anni prima. Allora lo chef lavorava in un ristorante a Mantova, *La tavola d'oro*.

Nell'articolo si dice che Faramer non solo era lo chef, ma anche il proprietario del ristorante. La recensione che ne dà Maffei è terribile. Pessima cucina, pessimi piatti, pessimi ingredienti, questo chef non è davvero capace...
"Caspita!" esclama Valentina.
"Ha trovato qualcosa?" chiede il giovane Maffei.
"Sì, una recensione su un ristorante dove lavorava lo chef che adesso lavora al *Don Leandro*: Faramer."
"Faramer... Lo zio non mi ha mai parlato di lui. Tu lo conosci?"
Valentina nota che il giovane è passato a darle del tu.

**4.** *giudizi*: opinioni.
**5.** *pessimi*: molto cattivi.

**Dare del tu e del lei in italiano**

Gli italiani in genere danno del lei a persone che conoscono poco o in situazioni formali. Si tende a dare del tu invece a persone che si conoscono, a colleghi, ad amici e parenti.

Se n'è accorto[6] anche lui perché le chiede subito dopo se può darle del tu.
"Certo" risponde Valentina. "Dopotutto abbiamo la stessa età, credo".
Poi risponde alla prima domanda:
"Sì, certo che lo conosco, è il nostro chef! Come hai detto che si chiamava invece il ristorante a Mantova?"
"*La tavola d'oro*"
Il giovane Maffei digita sul computer il nome *La tavola d'oro*. Compaiono alcune informazioni.
"*La tavola d'oro* non esiste più" dice il giovane Maffei. "Ha chiuso quindici anni fa."
"Subito dopo la recensione di tuo zio. Dice perché?"
"Sì, è fallito."
"Forse questo fallimento è in relazione alla cattiva recensione di tuo zio..."
"Può essere. Da quanto Faramer lavora al *Don Leandro*?" chiede il giovane Maffei.
"Non da tanto, credo da un anno, un anno e mezzo. Da quando è arrivato il *Don Leandro* ha grande successo, mi dicono. Ma... cosa ha fatto il signor Faramer in tutti questi anni?"
Il giovane Maffei digita il nome di Faramer. Compaiono tante informazioni, ma nessuna di queste riguarda gli anni dopo la chiusura del ristorante.
"Non c'è niente. Strano" esclama Maffei. "Una persona come Faramer fa sempre parlare di sé, non credi?"
"Sì, e gli piace anche far parlare di sé, così dicono. Il caposala ha detto che questi chef sono primedonne."

6. *accorgersi*: capire, notare.

"Il caposala, forse lui sa qualcosa in più riguardo a Faramer..."
"Forse, posso cercare di chiedergli informazioni, ma non so... Mi sembra il tipo che non parla molto."
In quel momento un'impiegata entra nell'ufficio.
"Signor Maffei" dice "ci sono i clienti dal Brasile. Li faccio aspettare?"
"No, arrivo subito, grazie Clara" risponde il giovane.
L'impiegata getta un'occhiata curiosa[7] a Valentina.
"Scusa, ti ho fatto perdere un sacco di tempo[8]" dice Valentina.
"No, cercare il colpevole della morte di mio zio non è certo una perdita di tempo" fa lui. "Adesso cosa pensi di fare?"
"Non lo so, ci devo riflettere."
"Se vuoi, ci possiamo vedere e parlarne."
Valentina ci pensa un secondo e poi dice:
"Ma sì, ho certamente bisogno di aiuto. Però finisco tardi di lavorare, intorno alle dieci."
"Le dieci... va bene. Ti vengo a prendere al *Don Leandro*."

Dall'ufficio di Maffei Valentina va direttamente al ristorante.
Quella sera al ristorante manca Cristina. Valentina corre avanti e indietro dalla cucina a prendere i piatti. Lo chef è stressato ed è più scortese che mai.
Diverse volte sgrida Valentina.
"Forza, bambina, quanto sei lenta..." le dice. Oppure: "Non fare pasticci mi raccomando."
"Anche se non è un assassino" pensa Valentina, "sicuramente è un grande antipatico."
Finalmente alle dieci l'ultimo cliente se ne va. Fuori dal ristorante l'aspetta puntuale il giovane Maffei.
"Ho parcheggiato la macchina al garage vicino a Piazza Duomo" dice. "Se no qui non si trova posto neanche a quest'ora."

**7.** *gettare un'occhiata curiosa*: guardare con curiosità.
**8.** *un sacco di tempo*: molto tempo.

**Piazza Duomo**

È il centro di Milano e il Duomo è il principale simbolo della città. È una grande chiesa in pietra bianca caratterizzata da archi, guglie, colonne e statue. La costruzione della cattedrale comincia nel 1386 e finisce nel XIX secolo.
Altro importante simbolo di Milano è la statua dorata della Madonnina che si trova sulla guglia più alta del Duomo.
Sempre in Piazza Duomo si trova la galleria Vittorio Emanuele che collega questa piazza con Piazza della Scala.
La Galleria, che è stata costruita nella seconda metà dell'Ottocento, è uno dei luoghi di passeggio dei milanesi. Qui si trovano eleganti negozi, caffè e ristoranti.
Qual è il simbolo della città o regione in cui abiti?

"Io lascio la macchina al parcheggio della metro. Tanto è vecchissima e non me la ruba nessuno."
La macchina del giovane Maffei invece non è vecchissima. Anzi... è una macchina nuova e costosa. Valentina non capisce molto di macchine, ma si vede che questa è una bella macchina alla prima occhiata[9].
"D'altra parte" pensa "è il proprietario di un'azienda, un... imprenditore..."
"Andiamo a casa tua?" chiede il giovane Maffei.
A casa sua? Con sua mamma? Accidenti, non ci aveva pensato!
"In realtà... a casa mia c'è mia mamma e..."
"Ok, non c'è problema. Andiamo da me. Io vivo da solo, ho due computer e i documenti dello zio. Ci possono essere utili."
Valentina esita[10].
"Veramente... forse..." dice.
"Ah, giusto. A casa sola con uno che non conosci neanche... Non ti preoccupare, io sono un tipo assolutamente tranquillo. Però se vuoi possiamo anche andare in un locale, e ..."
"No, dai. Ok, va bene."
"Sicura?"

**9.** *alla prima occhiata*: subito, appena si vede.
**10.** *esitare*: essere indecisa.

"Sicura."
"E io prometto di non assalirti[11]." Il giovane ride.
"Però devo telefonare alla mamma" dice Valentina. "Le dico che sono con... accidenti, sai che non so neppure come ti chiami?"
"Carlo Filippo..."
"Carlo Filippo? Ti chiamano con tutt'e due i nomi?"
"No, in genere mi chiamano solo Filippo. Ma a me piace dire tutti e due i nomi."
"Beh, suona di nobiltà[12]."
"In effetti mia mamma era una contessa."
"Contessa? Davvero?"
"Sì, ma non lo dico mai a nessuno."
"E perché?"
"Perché non è importante e forse è anche una cosa un po' ridicola."
Ridicola, no. Valentina invece la trova... romantica.
"Passerò la serata con un conte" pensa.

**11.** *assalire*: aggredire, attaccare.
**12.** *nobiltà*: aristocrazia. Per esempio prìncipi e conti sono nobili.

# *Esercizi* capitolo 6

## COMPRENSIONE

### 1. Completa.

1. Il giovane Maffei crede che Gennaro non sia colpevole perché suo zio gli ha detto ..........................................................................................
2. I rapporti tra il giovane Maffei lo zio erano .........................
3. Il giovane Maffei è diventato .................... due anni prima.
4. Per questo il giovane Maffei non aveva nessun ................ per uccidere lo zio.
5. Secondo Valentina il colpevole ..................

### 2. Il giovane Maffei fa vedere a Valentina un album di articoli e fotografie. Rispondi alle seguenti domande.

1. A cosa si riferiscono questi articoli e fotografie?
2. I due giovani vedono un articolo che si riferisce a quindici anni prima. Dove lavorava allora il signor Faramer?
3. Perché il ristorante di Faramer ha chiuso, probabilmente?
4. Dove è stato Faramer dopo la chiusura del ristorante?

### 3. Indica vero o falso riguardo alla seconda parte del capitolo.

1. Valentina trova Faramer poco gentile. V F
2. Valentina esce dal ristorante dopo le dieci. V F
3. Il giovane Maffei ha una macchina vecchia e brutta. V F
4. Il giovane Maffei invita Valentina a casa sua. V F
5. Il giovane Maffei dice di essere un principe. V F

### 4. Carlo Filippo è un nome doppio un po' particolare. Ti piace questo nome? Quali nomi italiani conosci? Scrivi quelli che preferisci qui di seguito.

Maschili ..........................................................................................

Femminili ..........................................................................................

## LESSICO

### 5. Completa la tabella con i nomi dei nobili.

| Maschile | Femminile |
| --- | --- |
| Re | regina |
| ......................... | principessa |
| Conte | ......................... |
| Marchese | ......................... |
| Duca | ......................... |

### 6. Conosci i mezzi di trasporto in italiano? Scrivi i nomi qui di seguito.

1. ...........................

2. .........................

3. .........................

4. .........................

5. .........................

6. .........................

7. .........................

## GRAMMATICA

### 7. Inserisci in queste frasi *è* o *e*.

1. Abbiamo un cane .... un gatto.
2. Questa chiesa ..... molto bella.
3. Vado a casa .... poi a scuola.
4. Fa' i compiti .... studia bene!
5. Dov'..... il tuo computer?
6. Maria .... Giulia non sono qui.
7. Cos' ... questo?
8. Roma ... la capitale d'Italia.

**È/e**

È facile confondere *è* (voce del verbo *essere*) con *e*, congiunzione.

Carlo Filippo dice: "Ho due computer e i documenti dello zio."
"Questa è una bella macchina."

# Capitolo 7

# Colpevole

Valentina è a casa alle due e mezzo. Da anni non fa così tardi di sera.
È stanca ma soddisfatta. Lei e Carlo Filippo hanno scoperto informazioni importanti. Attraverso internet e i documenti hanno saputo che, dopo Mantova, Faramer è andato in Sudamerica. Però non sono riusciti a trovare notizie riguardo a quello che ha fatto in questi anni. Hanno scoperto solo che si è sposato e che sua moglie vive a Milano. Hanno deciso di andare a parlare con lei. Abita in un quartiere a nord di Milano, un quartiere multietnico[1].
L'appuntamento è per il giorno dopo nel pomeriggio. Valentina non lavora e Carlo Filippo si prende qualche ora libera.
Sono arrivati davanti alla casa di Valentina, un palazzo basso senza balconi.

"Allora a domani" dice lui.
"A domani" dice Valentina. Lei vorrebbe salutarlo con un bacio sulla guancia. Lui invece le dà la mano. Che lei stringe.
Nonostante la tarda ora Valentina non riesce ad addormentarsi. Pensa a Carlo Filippo. Pensa al suo volto[2] serio, agli occhi profondi, il sorriso timido. E sente che per la prima volta nella sua vita prova qualcosa di autentico per un ragazzo.

**1.** *quartiere multietnico*: abitato da persone di diverse razze, lingue e culture.
**2.** *volto*: viso, faccia.

### Gli italiani e la casa

La maggior parte degli italiani vive in appartamento e a molti piace abitare in città.
La casa indipendente o villetta o villa invece è la tipica abitazione di chi abita fuori dalla città. E tu dove abiti? Dove ti piacerebbe abitare?

"Non fare la sciocca!" si dice. "Torna alla realtà. Lui non sembra proprio interessato a te. E poi lui è un conte e tu una disoccupata[3]. Le fiabe[4] si leggono quando si è bambini, quando si è grandi meglio dimenticarle."

La mattina dopo la moglie di Faramer li aspetta. Carlo Filippo le ha telefonato. Lei ha risposto che non è più sposata con Faramer. Sono separati. Però ha accettato di vederli.
"Mi ha fatto capire che vuole soldi per le sue informazioni" dice Carlo Filippo.
Li riceve nel suo piccolo appartamento di una vietta[5].
È una donna sui cinquant'anni con i capelli grigi e gli occhi stanchi.
"Quando era giovane doveva essere una bella donna" pensa Valentina.
Li fa sedere e offre loro un caffè.
"Cosa volete sapere del mio ex marito?" domanda.
"Tutto quello che ci può dire" risponde Carlo Filippo.
"Sì, va bene" fa lei. "Però, come le ho detto al telefono, le mie informazioni non sono gratis."
Carlo Filippo le mette in mano cinque banconote da cento euro.
Lei non fa un'espressione contenta. Forse si aspettava di più. Però comincia a parlare. Dice tante cose, cose inutili, ma anche cose utili.
"Se voi volete sapere se è lui che ha ucciso Maffei, io vi dico di sì. Odiava quell'uomo. L'odiava dal profondo del cuore."
Quando escono dalla casa della donna Valentina e Carlo Filippo si fermano in un giardino a parlare.

**3.** *disoccupata*: senza lavoro.
**4.** *fiabe*: storie per bambini, come *Cenerentola*, *Biancaneve*, *Cappuccetto Rosso*…
**5.** *vietta*: piccola via, strada.

"Quindi è proprio così: Faramer odiava mio zio."
"Sì, l'ex moglie lo ha detto diverse volte. Faramer lo considerava responsabile del suo fallimento."
"Quella recensione per lui è stata l'inizio della fine."
"Proprio così. E quando lo ha visto nel suo ristorante ha pensato di fargliela pagare."
"Ma ancora una cosa non capisco, come ha fatto a dare la colpa del delitto a Gennaro?" chiede Carlo Filippo.
"Io mi sono fatta un'idea in proposito."
"Cioè?"
"Maffei stava male ed è uscito dal ristorante con Gennaro" dice Valentina. "Quando Gennaro è tornato, Faramer è uscito subito, è corso da tuo zio che ormai era probabilmente morto, gli ha preso il portafoglio ed è tornato al ristorante. Ha avuto fortuna, nessuno lo ha visto, ma era anche buio e tardi. A quell'ora c'è sempre poca gente in giro. Poi ha voluto incastrare Gennaro e ha messo la carta di credito nel suo grembiule quando la polizia è venuta ad arrestarlo."
"Un piano furbo e... fortunato" commenta Carlo Filippo.
"Sì, ma sfortunato per tuo zio e per Gennaro."
"Ma anche se noi sappiamo che è stato lui, non abbiamo le prove. E senza prove non possiamo andare alla polizia."
"No, dobbiamo ancora fare da soli" dice Valentina.
"Ma fare che cosa?"
"Ho un'idea." Valentina spiega la sua idea a Carlo Filippo.
"Può essere pericoloso" dice lui. "Ricordati che quest'uomo è un assassino."
"Sì, ma tu sarai lì."
"D'accordo, però..."
"Niente però, siamo arrivati fino a qui. Voglio arrivare in fondo alla faccenda[6]."
"Ok, come vuoi. Sei una ragazza decisa, eh?"
Valentina sorride. Non si è mai vista come una ragazza "decisa" ma forse sì, lo è.

**6.** *arrivare in fondo alla faccenda*: arrivare alla verità.

Quella sera al ristorante ci sono pochi avventori.
"Che fortuna!" pensa Valentina.
Prima della chiusura del locale chiede allo chef se possono parlare.
"Parlare? Parlare di che?" fa lui sempre scortese.
"Di una cosa importante" risponde lei.
"Se è per il lavoro devi parlare con..."
"No, non è per il lavoro" lo interrompe la ragazza. "Riguarda la morte, anzi l'omicidio del signor Maffei."
"La morte di... e questo in che modo può riguardare me?". Il signor Faramer è chiaramente agitato.
Valentina insiste:
"Devo parlarle con lei, oppure parlo con la polizia."
"Va bene, ma non qui, andiamo nel mio ufficio."
"Il suo ufficio, proprio come avevo immaginato" si dice Valentina.
L'ufficio del signor Faramer è sul retro[7] del ristorante. È un ufficio piccolo con una scrivania e due sedie.
"Allora, signorina, cos'ha da dirmi?"
"So che lei ha ucciso Maffei."
"Io... come... ma è impazzita? Esca subito di qui!"
L'uomo è in piedi e fa qualche passo verso la porta.
"So tutto. Maffei aveva capito e ha detto a Gennaro quando erano fuori e stava per morire: 'È stato Faramer.' E allora io ho fatto le mie indagini e ho scoperto tutto, ho anche parlato con la sua ex moglie."
Faramer è diventato bianco in faccia.
"Lei ha messo il veleno nel piatto di spaghetti. Quando ha visto Gennaro rientrare, è uscito di corsa, è andato da Maffei, gli ha preso il portafoglio, l'ha nascosto ed è tornato indietro. È buio lì fuori. Ma qualcuno l'ha vista. Ho un testimone."
"Chi?"
"Non posso dirglielo" dice Valentina con sicurezza (e anche se quello che sta raccontando è una bugia, Maffei ci crede), "ma l'ha vista mentre rientrava al ristorante."

**7.** *retro*: dietro al ristorante.

"Questo non dimostra niente."
"E invece dimostra tutto perché lei aveva un movente per uccidere Maffei. Lei odiava Maffei dal profondo. Maffei l'ha rovinata a Mantova e lei ha dovuto chiudere il ristorante. Poi in America Latina..." qui Valentina fa una pausa per vedere l'effetto delle sue parole. Vede che Faramer è sempre più pallido. "In America Latina" riprende "di nuovo ha fallito. Sua moglie ha detto che aveva perso la fiducia[8] in se stesso... Solo al *Don Leandro* dopo anni ha ricominciato ad avere successo. E quando ha visto Maffei qui nel suo nuovo ristorante, allora ha pensato: questo mi può di nuovo rovinare, oppure... oppure voleva solo fargliela pagare. È così, vero?". Faramer ha ascoltato tutto senza dire una parola.
"Sì, è vero" dice infine. "Io... Dio, io non sono un assassino, ma quell'uomo, quell'uomo era un mostro, meritava di morire. E tu...? Perché non sei andata alla polizia? Che cosa vuoi?"
"Soldi, voglio soldi."
"Quanti soldi?"
"Diecimila euro per cominciare..."
"Per cominciare...? Non credere che io... Io non mi faccio più rovinare la vita da nessuno" dice Faramer. Si avvicina a Valentina minacciosamente. Valentina grida:
"Carlo Filippo, Carlo Fil..."
Si apre la porta dell'ufficio di colpo. Entra il giovane Maffei. Quando lo vede, Faramer guarda Valentina ed esclama:
"Tu... una trappola[9]... voi..."
Corre fuori.
"Hai la registrazione[10]?" chiede Carlo Filippo.
"Certo" risponde Valentina. Tira fuori dalla tasca il piccolo registratore. Schiaccia un tasto e si sente la sua voce e quella del signor Faramer.
"Perfetto" fa lui.

**8.** *perdere la fiducia*: diventare insicuro.
**9.** *trappola*: tranello, manovra escogitata per imbrogliare.
**10.** *registrazione*: si registra quando si fissano suoni su un apparecchio. Per esempio una musica.

"Grandioso."
In quel momento arriva il signor Ferrari.
"Che diavolo succede?" domanda. "Ho visto Faramer che correva fuori come un pazzo."
"Le spiego poi" fa Valentina. Poi vede Carlo Filippo che sta chiamando la polizia al cellulare.
"E questo ragazzo chi è?" domanda ancora Ferrari.
"Il nipote del signor Maffei."
"L'uomo morto?"
Il signor Ferrari non capisce.
"Mi dite che cosa succede, insomma?" domanda.
"La polizia sta arrivando" dice Carlo Filippo.
"La polizia?!" esclama quello stupito.
"Sì, signor Ferrari. Adesso le racconto tutto."
Quando la polizia arriva, il signor Ferrari ha sentito tutta la storia o quasi. Ma non riesce a crederci.
"Faramer, il grande chef... Pazzesco."

# *Esercizi* capitolo 7

## COMPRENSIONE

**1. Rispondi alle seguenti domande.**

1. Perché Valentina è soddisfatta?
2. Dov'è andato Faramer dopo Mantova?
3. Dove abita la moglie di Faramer?

**2. Valentina e Carlo Filippo vanno dalla moglie di Faramer. Completa la seguente tabella riguardo a questo personaggio.**

Aspetto ..........................................................................................

Residenza ..........................................................................................

Stato civile: • sposata • separata • divorziata

**3. La moglie di Faramer dà informazioni importanti riguardo a suo marito. Quali di queste sono vere e quali false?**

1. Faramer odiava Maffei. V F
2. Secondo Faramer Maffei è stato responsabile del suo fallimento. V F
3. Quando Maffei ha scritto la recensione sul suo ristorante, Faramer ha tentato di ucciderlo. V F
4. La moglie di Faramer dice anche come il suo ex marito ha ucciso Maffei. V F

**4. Questa invece è la teoria di Valentina riguardo al delitto commesso da Faramer. Metti gli eventi nel giusto ordine cronologico.**

a. Subito dopo è tornato al ristorante.
b. Maffei è uscito dal ristorante con Gennaro.
c. Quando Gennaro è tornato, Faramer è uscito subito dal ristorante.
d. È corso da Maffei già morto e gli ha preso il portafoglio.
e. Infine ha messo la carta di credito nel grembiule di Gennaro per incastrarlo.

..........................................................

**5. Valentina e Carlo Filippo mettono in atto un piano per far confessare Faramer. Completa la breve sintesi di quest'ultima parte del capitolo.**

*testimone, movente, morte, delitto, chiusura*

Prima della (1) ............... del ristorante Valentina chiede un colloquio allo chef. Gli vuole parlare della (2) ............. del signor Maffei. Si trovano nell'ufficio di Faramer sul retro del locale. Qui Valentina lo accusa di essere l'assassino del signor Maffei. All'inizio lui nega. Valentina insiste e gli racconta la dinamica del (3) ........... . Dice di avere un (4) ............ e di sapere qual è il suo (5) ............. . Alla fine lui confessa e cerca di ucciderla. Valentina grida e chiama Carlo Filippo. Hanno registrato tutto.

## LESSICO

**6. Le parole del racconto giallo.**

1. Un delitto è: [A] un crimine [B] un criminale [C] un suicidio
2. Il movente è: [A] la conseguenza del delitto [B] la causa del delitto
3. Assassino è chi: [A] uccide qualcuno [B] ruba qualcosa
4. In questa storia l'arma del delitto è: [A] un coltello [B] il veleno

**7. La casa. Scrivi sotto a queste immagini il termine giusto.**

*appartamento casa palazzo quartiere*

1. ..........................

2. ........................

3. ....................

4. .........................

# Capitolo 8

# Epilogo

Quel giorno Valentina e Carlo Filippo passano ore al commissariato.
Sono ancora lì quando due poliziotti accompagnano dentro il signor Faramer.
È in manette[1].
"Lo abbiamo preso all'aeroporto" dice il commissario[2]. "Aveva un biglietto per Caracas."
Il signor Faramer non dice una parola. Non guarda Valentina e neppure Carlo Filippo. Sembra completamente assente.
Carlo Filippo invece lo guarda negli occhi.
"L'assassino di mio zio" dice. "Morto per una recensione."
"Bene" fa il commissario, "voi ragazzi potete andarvene. Vi convochiamo[3] noi per la testimonianza e tutto..."
In quel momento Faramer parla. La sua è una risposta a quello che ha detto Carlo Filippo.
"Non per una recensione, per una persecuzione. Maffei mi odiava come io odiavo lui."
Carlo Filippo non dice niente. Esce dal commissariato con Valentina.
Lei gli chiede:
"Secondo te è vero? Che tuo zio lo odiava?"
"No, mio zio non lo odiava. Lo so di sicuro. Mio zio sembrava uno duro, ma in fondo era buono e soprattutto onesto. Ha scritto quella recensione

1. *manette*: bracciali usati per bloccare i polsi delle persone arrestate.
2. *commissario*: capo di polizia.
3. *convochiamo*: chiamiamo.

sul ristorante di Mantova non per cattiveria[4]. In effetti allora riteneva la cucina di Faramer pessima come ha scritto. Ma dopo anni aveva cambiato idea."

"Cosa vuoi dire?"

"Tra i suoi documenti ho trovato la sua recensione sul ristorante *Don Leandro* e su Faramer."

"E cosa aveva scritto?" chiede Valentina.

"Una recensione ottima. Diceva che Faramer era un cuoco eccellente."

"Ma, un tempo, aveva scritto il contrario."

"Pensa che allora Faramer era giovane, forse inesperto..."

"Quindi Faramer ha ucciso..."

"Ha ucciso per un'idea sbagliata."

"Terribile" fa Valentina.

Carlo Filippo accompagna Valentina a casa.

"Adesso ritorni a lavorare al ristorante?" le domanda.

"Purtroppo sì. Finché non trovo qualcosa di meglio."

"Forse ti posso offrire io qualcosa di meglio."

"Cosa vuoi dire?" domanda la ragazza.

"Un posto nella mia azienda. Cerchiamo una persona che conosce bene l'inglese e il francese. In realtà non lavorerai per me, ma nell'altra filiale[5] a nord di Milano."

"Ma io non ho esperienza."

"Non importa. Hai dimostrato di essere sveglia, intelligente e determinata. Sei la persona ideale."

Valentina sorride.

"Mi stai dando una specie di... raccomandazione[6]".

"Sì, certo. Con il capo, un certo dottor Maffei..." Carlo Filippo ride.

Valentina ci pensa qualche secondo. Poi dice:

"Va bene, grazie."

"Allora domani in ufficio alle otto e trenta."

**4.** *cattiveria*: attitudine a fare del male.
**5.** *filiale*: sezione distaccata in questo caso di un'azienda.
**6.** *raccomandazione*: richiesta di favorire particolarmente una persona.

"La prossima settimana. Devo prima licenziarmi[7] dal ristorante. Mi dispiace andarmene così senza preavviso[8]."
"Giusto."
"Allora alla prossima settimana."
Valentina scende dalla macchina. Fa qualche passo. Carlo Filippo è ancora lì. Lei si volta. Lui sporge la testa dal finestrino.
"E Gennaro?" chiede.
"Gennaro adesso è libero."
"Appunto. Lo vedrai ancora?"
"Ti ho detto che non è il mio ragazzo."
"Sei innamorata di lui?"
Valentina risponde alla domanda con un'altra domanda:
"Perché me lo chiedi?"
Non sente la risposta o forse la risposta non arriva.
La macchina riparte.
Valentina è ferma davanti a casa sua. Vede la macchina che gira l'angolo. Sorride, e per la prima volta dopo tanto tempo non si sente più pessimista. Sta cominciando una nuova vita: nuovo lavoro, nuova esperienza, e lui, Carlo Filippo, il suo principe.

**7.** *licenziarsi*: andarsene dal lavoro.
**8.** *preavviso*: notizia data in anticipo.

# *Esercizi* capitolo 8

## COMPRENSIONE

**1. Vero o falso?**

1. Valentina e Carlo Filippo stanno a lungo al commissariato. V F
2. Faramer stava per prendere un aereo. V F
3. Faramer dice che il signor Maffei lo odiava. V F
4. Secondo Carlo Filippo suo zio non odiava Faramer. V F
5. Secondo Carlo Filippo suo zio era un uomo cattivo ma onesto. V F
6. Carlo Filippo ha trovato una recensione positiva sul ristorante *Don Leandro*. V F

**2. Rispondi adesso a queste domande sulla parte finale del capitolo.**

1. Che cosa offre Carlo Filippo a Valentina? Dove?

..............................................................................................................................

2. Quando comincerà Valentina?

..............................................................................................................................

3. Che cosa chiede Carlo Filippo a Valentina?

..............................................................................................................................

4. Secondo te come continua la storia?

..............................................................................................................................

## COMUNICAZIONE

**3. Leggi questi annunci e abbinali alla conversazione che vi si riferisce.**

1. "Stiamo cercando segretaria buon inglese per azienda con sede nel cuore di Milano".

2. "Società operante nel settore del trasporto cerca impiegato/a con ottima conoscenza della lingua inglese e francese".

3. "Commessa bella presenza ed esperienza di almeno tre anni cercasi per boutique in zona centrale. Gradita la conoscenza della lingua inglese".

4. "Cercasi pasticcieri per nuova pasticceria. Si offrono vitto e alloggio".

A *Tommaso*: Perché non fai domanda per questo lavoro? Tu sei brava a fare dolci.
*Giulia*: Sì, ma non è la mia professione. Qui richiedono un professionista, almeno credo.

B *Alessandro*: Vorrei fare domanda per questo posto, ma non ho esperienza.
*Sofia*: Sì, però hai un'ottima conoscenza della lingua inglese e un'ottima presenza. Perché non provi comunque?

C *Rebecca*: Mi piacerebbe lavorare per questa azienda perché ho sempre lavorato in azienda fuori città.
*Erica*: Hai ragione. Lavorare in centro è tutt'un'altra cosa.

D *Stefano*: Ho fatto domanda per questo posto. Credi che mi prendano?
*Marco*: Secondo me hai ottime possibilità. Hai una conoscenza eccellente delle due lingue che richiedono.

1 /..... 2 /..... 3 /...... 4 /......

# Soluzioni

**Capitolo 1**

Es. 1, pag. 10

1. B; 2. A; 3. C; 4. A; 5. B; 6. A; 7. C; 8. A

Es. 2, pag. 11

1. cominci; 2. aspettate; 3. offro; 4. risponde; 5. andiamo; 6. accendono

Es. 3, pag. 11

1. conosco, conosci; 2. avete visitato; 3. dite; 4. parlano; 5. faccio; 6. mangi; 7. finiscono; 8. hanno finito, ho finito

**Capitolo 2**

Es. 1, pag. 17

1. F; 2. V; 3. F; 4. F; 5. V

Es. 2, pag. 17

1. Gennaro; 2. il dottor Maffei; 3. A mezzanotte

Es. 3, pag. 17

1. Ferrari; 2. Marc; 3. Maffei; 4. Gennaro; 5. Cristina; 6. Vanja; 7. Faramer

Es. 4, pag. 18

1. macedonia; 2. melone; 3. arancia; 4. torta di mele; 5. kiwi; 6. torta salata; 7. te; 8. caffè; 9. brioche

Es. 5, pag. 18

1. prosciutto; 2. pasta; 3. spinaci; 4. carne; 5. trota

**Capitolo 3**

Es. 1, pag. 24

1. In centro con Gennaro; 2. È andata in giro per il centro, poi al Parco Sempione infine a mangiare un gelato

Es. 2, pag. 24

1. V; 2. F; 3. V; 4. F; 5. V; 6. F; 7. V

Es. 3, pag. 24

1. B; 2. A; 3. A; 4. A; 5. B

Es. 4, pag. 24
5/4/1/3/2

Es. 5, pag. 25
1. f; 2. e; 3. d; 4. a; 5. b; 6. c

Es. 6, pag. 25
1) gentile; 2) speciale; 3) carino; 4) riservato; 5) simpatico

**Capitolo 4**
Es. 1, pag. 32
1. A; 2. C; 3. A

Es. 2, pag. 32
1. Nel centro di Milano vicino alla fermata della metropolitana Sant'Ambrogio/Sant'Agostino
2. È pallido con le occhiaie
3. Trovare il vero colpevole
4. Un grosso gruppo di clienti festeggia un anniversario

Es. 3, pag. 33
1. B; 2. A; 3. A

Es. 4, pag. 33
1. i; 2. il; 3. la; 4. il; 5. i; 6. il; 7. la; 8. lo (l'); 9. il; 10. Il/la; 11. le; 12. Il/la; 13. la; 14. le; 15. il; 16. la; 17. 1; 18. la (l'); 19. gli

Es. 5, pag. 33
1. il; 2. il; 3. l'; 4. l'; 5. il; 6. l'; 7. la

**Capitolo 5**
Es. 1, pag. 38
1. V; 2. F; 3. V

Es. 2, pag. 38
1. ristorante; 2. casa del signor Maffei; 3. azienda del dottor Maffei

Es. 3, pag. 38
1. Faramer e Ferrai non erano presenti quando è stata chiamata l'autoambulanza
2. Se metterà il suo nome nell'articolo

Es. 4, pag. 38
1. F; 2. V; 3. V; 4. F; 5. F

Es. 5, pag. 38
Risposta aperta

Es. 6, pag. 39
1. medico; 2. parrucchiera; 3. insegnante; 4. attore; 5. meccanico

Es. 7, pag. 39
1. imprenditore; 2. scrittore; 3. operaio; 4: commesso; 5. impiegato

Es. 8, pag. 39
1. insegnante; 2. scrittore; 3. imprenditore; 4. parrucchiera; 5. commesso; 6. dottore; 7. attore; 8. giornalista

**Capitolo 6**
Es. 1, pag. 46
1. "sono entrato nella tana del lupo, speriamo bene"; 2. buoni; 3. direttore della società; 4. movente; 5. lavora al ristorante

Es. 2, pag. 46
1. Ai ristoranti di cui Maffei ha scritto le recensioni; 2. A Mantova; 3. Per la pessima recensione scritta da Maffei; 4. Non si hanno più sue notizie

Es. 3, pag. 46
1. V; 2. V; 3. F; 4. V; 5. F

Es. 4, pag. 46
Risposta aperta

Es. 5, pag. 47
*maschile*: principe; *femminile*: contessa. marchesa, duchessa

Es. 6, pag. 47
1. metropolitana; 2. aeroplano; 3. treno; 4. automobile; 5. autobus; 6. moto; 7. bicicletta

Es. 7, pag. 47
1. e; 2. è; 3. e; 4. e; 5. è; 6. e; 7. è; 8. è

**Capitolo 7**

Es. 1, pag. 54
1. Perché ha scoperto informazioni importanti; 2. Faramer è andato in Sudamerica: 3. A nord di Milano in un quartiere multietnico

Es. 2, pag. 54
*Aspetto*: sui cinquanta anni, con i capelli grigi e gli occhi stanchi
*Residenza*: A nord di Milano in un quartiere multietnico
*Stato civile*: separata

Es. 3, pag. 54
1. V; 2. V; 3. F; 4. F

Es. 4, pag. 54
b, c, d, a, e

Es. 5, pag. 55
1. chiusura; 2. morte; 3. delitto; 4. testimone; 5. movente

Es. 6, pag. 55
1. A; 2. B; 3. A; 4. B

Es. 7, pag. 55
1. casa; 2. palazzo; 3. quartiere; 4. appartamento

**Capitolo 8**

Es. 1, pag. 59
1. V; 2. V; 3. V; 4. V; 5. F; 6. V

Es. 2, pag. 59
1. Un posto nella sua azienda. Nella filiale a nord di Milano; 2. La mattina dopo alle 8.30; 3. Se vedrà ancora Gennaro e se è innamorata di lui; 4. Risposta aperta

Es. 3, pag. 60
1. C; 2. D; 3. B; 4. A